Table des matières

Introduction

Welcome to your *Chef d'œuvre*! This book will be a record of your learning as you work through *Allons-y 1*.

You will:

- Complete activities related to each chapter of the textbook.
- Write down any **mots clés** (key words) you meet in each chapter.
- Fill in a fact file all about yourself – **Tout sur moi !**
- Check what you have learned by completing the **Auto-évaluation** (self-evaluation) at the end of each chapter.
- Keep a record of useful responses to oral questions.

Each of these things will help you to work towards your Classroom-Based Assessments and to develop the **eight key skills of Junior Cycle**.

Des compétences

- Being literate
- Being numerate
- Managing myself
- Staying well
- Managing information and thinking
- Being creative
- Working with others
- Communicating

The words **mon chef d'œuvre** mean 'my masterpiece'. This book will be your masterpiece when it is complete!

Bonne chance et allons-y !

Bienvenue !

Utilisez cette page pour écrire les mots et les phrases utiles du chapitre 1.
Use this page to write down the useful words and phrases in chapter 1.

Des mots clés

En français	En anglais
Bonjour	Hello
~~trousse~~ une trousse	pencil case
une porte	door
un taille-crayon	sharpener
un ~~air~~ ordinateur	computer
un cartable	backpack
une horloge	clock
une poubelle	bin
un feutre	felt tip pen
une tablette	tablet
une clé USB	USB key
une fenêtre	window
une règle	ruler
Oui	yes
non	no
Merci	Thank you
Écoutez	Listen
Levez la main	raise your hand

Activité 1 : Compétences dictionnaire

Utilisez un dictionnaire pour trouver un mot français pour chaque lettre de l'alphabet.

Use a dictionary to find a French word for each letter of the alphabet.

Vocabulaire A–Z

A Un abricot	**B** *chatty* Bavard (e)	**C** *cap* la casquette
D *disco* la dis~~cothèque~~ discotheque	**E** *Student* L'élève	**F** *the final* la finale
G *to win* gagner	**H** *oysters* des huîtres	**I** *useless* inutile
J *until* jusque	**K** *kilo* le kilo	**L** *reading* la lecture
M *but* mais	**N** *north* le nord	**O** *to obey* Obéir
P Un piano	**Q** *some times* quelquefois	**R** *to tidy / arrange* ranger
S *healthy* Sain	**T** *the task* la tâche	**U** *uniform* l'uniforme
V *to live* vivre	**W** *weekend* week-end	**X**
Y *eyes* les yeux	**Z** Un zèbre	

Activité 2 : Mon cartable

Regardez dans votre cartable et écrivez ce que vous y trouvez.
Look in your schoolbag and write down what you find there.

Mes fournitures scolaires :

1 Bienvenue !

Activité 3 : Bande dessinée

Complétez la bande dessinée.
Complete the comic strip.

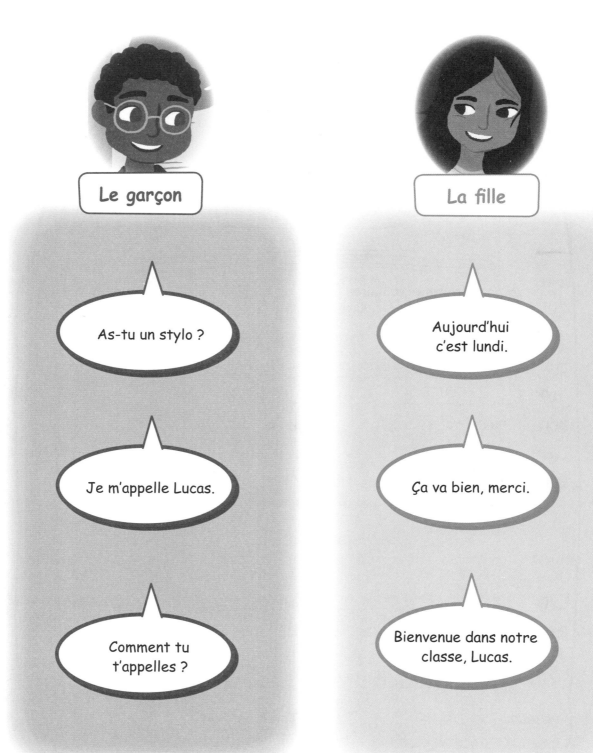

Activité 4 : La France et l'Irlande

Comparez la France à l'Irlande et remplissez la grille.
Compare France to Ireland and fill in the grid.

	La France	L'Irlande
La population		
Des symboles nationaux		
Le drapeau		
La capitale		
La plus longue rivière		
La plus haute montagne		
Des fêtes		
La météo		
Des sites touristiques		
La nourriture		
Des personnes célèbres		

Auto-évaluation

Read each of the topics in the column on the left. Place a tick (✔) in the column that best describes how you feel about each topic in chapter 1.

> 😊 I know this topic well.
> 😐 I know this topic quite well.
> ☹️ I do not know this topic at all.

Ce que j'ai appris dans le chapitre 1 :
What I learned in chapter 1:

	Bien 😊	Assez bien 😐	Pas bien du tout ☹️	Revisit the page to revise
Les salutations françaises	✓			2
Comment se présenter	✓			4
Où habites-tu ?	✓			6
L'alphabet français	✓	✓		7
La langue employée en classe	✓			9
Les fournitures scolaires	✓			12
Qu'est-ce que c'est ?	✓			14
Les jours de la semaine	✓			18
Les nombres de 1 à 19	✓			20
La grammaire				
Les accents français		✓		8
Comment utiliser un dictionnaire	✓			11
L'article indéfini	✓			11
Les verbes				15
Les pronoms personnels	✓			16

Based on your auto-évaluation, reflect on your learning by completing the following information.

Areas I am confident in:

- Days
- Greetings
- Un + Une
- La + le

Areas I need to work on:

Number spelling

Action plan for improvement:

For example, *'I will make flashcards to improve my vocabulary.'*

Practice writing the word out

Key Skills

With the help of your teacher, put a tick (✔) beside the key skills you have used in chapter 1.

Compétences	J'ai utilisé
Being literate	
Being numerate	
Being creative	
Communicating	
Managing information and thinking	
Managing myself	
Staying well	
Working with others	

Révision orale

 Now that you have completed chapter 1 of *Allons-y 1*, you should be able to ask and answer the following questions. Revise them with a partner and keep a record of your answers.

Comment tu t'appelles ?

J'm'appelles Clara

Ça va ?

Ça va tres bien

Où habites-tu ?

? J

Quel jour sommes-nous ?

Lundi

L'école

Utilisez cette page pour écrire les mots et les phrases utiles du chapitre 2.
Use this page to write down the useful words and phrases in chapter 2.

Des mots clés

En français	En anglais
l'anglais	English
le gaélique	Irish
l'allemand	german
l'espagnol	spanish
la géographie	geography
les maths	maths
l'informatique	computer studies
l'éducation physique et sportive	PE
l'histoire	history
la biologie	biology
la physique	physics
la chimie	chemistry
le dessin	art
le commerce	bussiness studies
la religion	religion
l'éducation civique	CSPE
les arts ménagers	home economics
la musique	music

Activité 1 : La fleur des verbes

1. Remplissez la fleur avec le verbe **être**.
Fill in the flower with the verb être.

2. Remplissez la fleur avec le verbe **avoir**.
Fill in the flower with the verb avoir.

3. Trouvez votre propre méthode pour vous souvenir des verbes. Soyez créatifs !
Come up with your own way of remembering verbs. Be creative!

2 L'école

Activité 2 : Mon emploi du temps

Complétez votre emploi du temps en français.
Complete your school timetable in French.

Jour						
LUNDI	l'histoire			l'anglais	le Français	la biologie / chimie / physique
MARDI	L'histoire	l'anglais	l'histoire	les		de Français
MERCREDI			l'anglais		le français	le français
JEUDI	L'anglais	le gaélique				
VENDREDI		éducation à la vie	le gaélique			

Incomplète !

14   quatorze

Auto-évaluation

Read each of the topics in the column on the left. Place a tick (✔) in the column that best describes how you feel about each topic in chapter 2.

> 😀 I know this topic well.
> 😐 I know this topic quite well.
> 😞 I do not know this topic at all.

Ce que j'ai appris dans le chapitre 2 :
What I learned in chapter 2:

	Bien 😀	Assez bien 😐	Pas bien du tout 😞	Revisit the page to revise
Les matières scolaires	✓			32
Décrire la personnalité	✓			39
Les nombres de 20 à 31	✓			42
Les mois de l'année	✓			43
Les anniversaires		✓		44
La grammaire				
Les adjectifs	✓			34
L'article défini	✓			36
Le verbe irrégulier **être**		✓		38
Le verbe irrégulier **avoir**		✓		40
Il y a	✓			46

Based on your auto-évaluation, reflect on your learning by completing the following information.

Areas I am confident in:

2 L'école

Ceara Flinter

Areas I need to work on:

I need to work on my verbs être and avoir and full sentences.

Action plan for improvement:

Learn a poem to help remeber the correct order and spelling of my verbs. I need to write out

Key Skills

With the help of your teacher, put a tick (✔) beside the key skills you have used in chapter 2.

Compétences	J'ai utilisé
Being literate	✓
Being numerate	
Being creative	
Communicating	✓
Managing information and thinking	
Managing myself	
Staying well	
Working with others	

Révision orale

Now that you have completed chapter 2 of *Allons-y 1*, you should be able to ask and answer the following questions. Revise them with a partner and keep a record of your answers.

Quel âge as-tu ?

J'ai ~~douze~~ treize ans

Quelle est la date aujourd'hui ?

Aujoud'hui X ringt-trois le octobre

Quelle est la date de ton anniversaire ?

Mon anniversaire, c'est six août.

Quelle est ta matière préférée et pourquoi ?

Ma matière préférée et le Français parce que c'est j'aime ~~bla~~ Français

Décris ta personnalité.

Je suis bavarde.

Je suis sympa

Je

Ma famille et moi

Utilisez cette page pour écrire les mots et les phrases utiles du chapitre 3.
Use this page to write down the useful words and phrases in chapter 3.

Des mots clés

En français	En anglais
la mère	mother
les yeux	eyes

Activité 1 : Dessinez les visages

Lisez les descriptions et dessinez les visages.
Read the descriptions and draw the faces.

Luc a de grands yeux verts. Il a les cheveux châtains, longs et bouclés. Il a une barbe noire.	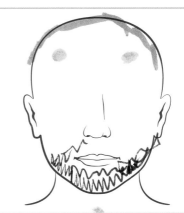
Anna a les cheveux roux. Elle a les yeux bleus. Elle porte des lunettes énormes. Elles sont vertes.	
Marcel a les cheveux blonds, courts et raides. Il a les yeux marron.	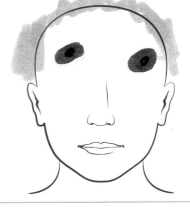
Annette a de grands yeux noisette. Elle a les cheveux noirs, longs et ondulés.	

3 Ma famille et moi

Activité 2 : Ma carte d'identité

Remplissez la carte d'identité avec vos données personnelles.
Fill in the identity card with your personal details.

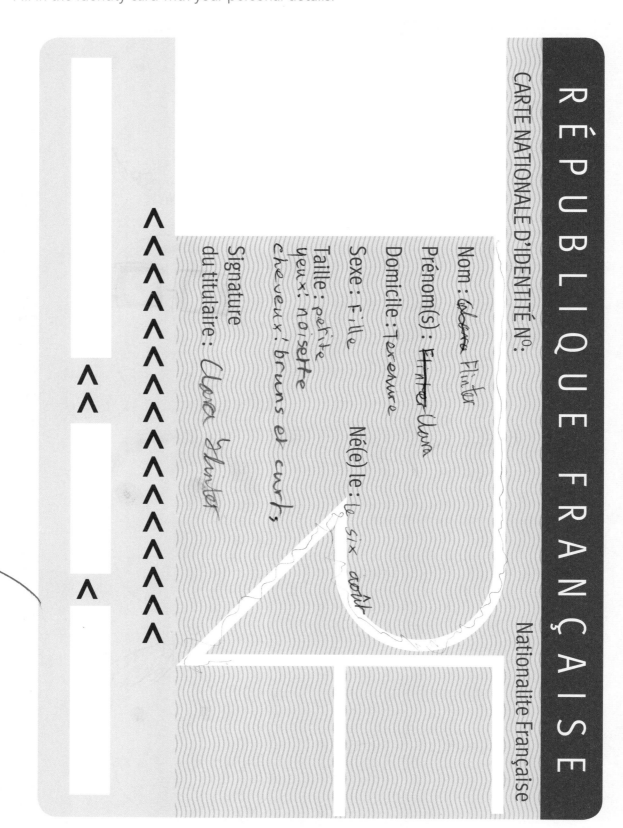

RÉPUBLIQUE FRANÇAISE

CARTE NATIONALE D'IDENTITÉ N° :

Nom : *Gloria Hinter*

Prénom(s) : *Hinter Clara*

Domicile : *Terenure*

Sexe : Fille   Né(e) le : *le six août*

Taille : *petite*
yeux : *noisette*
cheveux : *bruns et curls*

Signature
du titulaire : *Clara Hinter*

Nationalité Française

Activité 3 : Mon arbre généalogique

Regardez l'exemple ci-dessous, puis dessinez votre arbre généalogique sur la page suivante.
Look at the example below, then draw your family tree on the next page.

Ma grand-mère
Françoise

Mon grand-père
Martin

Ma mère
Julie

Mon père
Olivier

Ma tante
Lisa

Mon oncle
Philippe

Ma sœur
Maya

Mon frère
Claude

Mon cousin
David

Moi
Élodie

Ma cousine
Laura

3 Ma famille et moi

Activité 4 : Chère Lucie

Vous êtes Isabelle. Répondez à la lettre de Lucie en utilisant les informations suivantes.

You are Isabelle. Reply to Lucie's letter using the following information.

- You are thirteen years old.
- Your birthday is on 15 March.
- You live in Galway in the west of Ireland.
- There are five people in your family: your mother, your father, your big sister Siobhan, your younger brother Cillian, and you.
- Your sister is tall with short blonde hair and green eyes. She is funny and chatty.
- Your brother is short with blond hair and brown eyes. He is shy and clever.

Retenez !

Remember to include the date and to start and end your letter correctly.

Chère Lucie

J'ai treize ans. Mon anniversaire c'est le quinze mars. J'habite à Galway en Irlande. Nous sommes cinq. Il y a mon père, ma mère, ma sœur, mon frère et moi. J'ai une frère et une sœur. Ma sœur Siobhan et mon frère Cillian. Siobhan a les yeux verts. Elle est grande. Elle a les cheveux blonds courts et raides. Elle est drôle et bavarde. Mon frère Cillian est timide et intelligent. Il a les yeux marron. Il a les cheveux blonds et courts. Il est petit. Je suis de taille-moyenne. J'ai les yeux noisette. J'ai les cheveux bruns longs et frisé. Je suis timide. J'adore Français parce que c'est utile et intéressante. Je déteste géographie parce que c'est barbant

Excellent

_____

_____

_____

_____

_____

_____

_____

_____

_____

_____

_____

_____

_____

_____

_____

_____

_____

_____

_____

_____

Isabelle

How did you get on?

☐	Six bonnes phrases	Bon travail !
☐	Huit bonnes phrases	Très bon travail !
☐	Dix bonnes phrases	Excellent travail !

Activité 5 : Voici ma famille

Présentez **un membre** de votre famille de l'une des façons suivantes.
Present **one member** of your family in one of the following ways.

- Record a video (no more than three minutes long) using your phone.
  or

- Post an Instagram story.
  or

- Post a Snapchat.

I have:

Included the name and age of my family member
(e.g. **Elle s'appelle Eimear. Elle a seize ans.**). ☐

Explained their relationship to me (e.g. **C'est ma sœur.**). ☐

Included a physical description of my family member
(e.g. **Elle a les cheveux bruns et frisés. Elle a les yeux verts.**). ☐

Checked the pronunciation of any oral descriptions. ☐

Checked the spelling and accents in any written descriptions. ☐

Activité 6 : Profil d'une star française

Faites des recherches sur une star française. Écrivez autant que vous le pouvez en français !
Research a French star. Write as much as you can in French!

Nom : _____ Photo :

Date d'anniversaire : _____

Caractère : _____

Yeux : _____

Cheveux : _____

_____

_____

Vie :

_____

_____

_____

_____

_____

Carrière :
(Par exemple, ses films, ses chansons, ses rôles)

_____

_____

_____

_____

_____

_____

_____

_____

_____

Continues on next page ▶

Cinq nouveaux mots que j'ai appris au cours de cette activité.

Five new words that I learned during this activity.

En français	En anglais

Swap *Chef d'œuvres* with your partner, read their profile and complete the peer assessment table below.

Peer assessment

During this task, you:

Found interesting information ☐

Showed creativity ☐

Came up with good sentences in French ☐

Two things I like about your star profile are

_____

_____

_____

_____

Next time, you could try

_____

_____

_____

_____

_____

Signature:_____

Date:_____

Auto-évaluation

Read each of the topics in the column on the left. Place a tick (✔) in the column that best describes how you feel about each topic in chapter 3.

😊 I know this topic well.
😐 I know this topic quite well.
☹ I do not know this topic at all.

Ce que j'ai appris dans le chapitre 3 :
What I learned in chapter 3:

	Bien 😊	Assez bien 😐	Pas bien du tout ☹	Revisit the page to revise
Les descriptions physiques				58
Les nombres de 32 à 50				63
Les membres de la famille				66
La grammaire				
La forme négative des verbes				61
Le présent et les verbes réguliers en –er				64
Poser des questions				68
Les adjectifs possessifs				71

Based on your auto-évaluation, reflect on your learning by completing the following information.

Areas I am confident in:

Areas I need to work on:

Action plan for improvement:

Key Skills

With the help of your teacher, put a tick (✔) beside the key skills you have used in chapter 3.

Compétences	J'ai utilisé
Being literate	
Being numerate	
Being creative	
Communicating	
Managing information and thinking	
Managing myself	
Staying well	
Working with others	

Révision orale

Now that you have completed chapter 3 of *Allons-y 1*, you should be able to ask and answer the following questions. Revise them with a partner and keep a record of your answers.

De quelle couleur sont tes yeux ?

_____

De quelle couleur sont tes cheveux ?

_____

As-tu des frères ?

_____

_____

_____

As-tu des sœurs ?

_____

_____

_____

Chez moi

Utilisez cette page pour écrire les mots et les phrases utiles du chapitre 4.

Use this page to write down the useful words and phrases in chapter 4.

Des mots clés

En français	En anglais

Activité 1 : Maison à vendre

Réalisez une affiche pour proposer une maison à vendre. Vous devez inclure les éléments suivants :
Design a poster to advertise a house for sale. You must include the following:

- A picture of the house
- The location of the house
- A description of the house
- The number and type of rooms
- The price.

Exemple

À VENDRE

Cette maison individuelle se trouve à la campagne, en Provence.
Elle est proche d'Avignon.
Elle est grande et très confortable.

Il y a quinze pièces :

En bas
- deux salons
- une cuisine
- une salle à manger
- une salle de bains
- une cave
- un vestibule

En haut
- cinq chambres
- deux salles de bains
- un bureau
- un grenier

À l'extérieur, il y a :
- un joli jardin
- un garage spacieux
- une piscine

PRIX : 820,000 €

4 Chez Moi

Activité 2 : Les arrondissements de Paris

Recherchez un arrondissement de Paris. Écrivez autant que vous le pouvez en français !

Research a Paris arrondissement. Write as much as you can in French!

Numéro : _____

Nom : _____

Population : _____

Situation (par exemple, Il est situé dans le sud de la ville) : _____

_____

_____

Indiquez-le sur la carte ci-dessous.

Principaux monuments :

_____

_____

_____

_____

_____

Trouvez ou dessinez des images des principaux monuments.

Activité 3 : Sondage sur les animaux

Demandez à dix camarades de classe « As-tu un animal domestique ? » puis remplissez la grille.
Ask ten classmates 'Do you have a pet?' then fill in the table.

Prénom	Chien	Chat	Hamster	Poisson rouge	Lapin	Souris	Perruche	Cheval	Tortue	Cochon d'Inde	Autres
Martina	2			1							
Grace	1										
Amy b	1										
Eve	1										
Ava	2										
Aoife					2						
Emily											
Alison D	1						1	1	2	1	
Orlaith											
Alison C											une grenouille - estrich
Ciara											

Écrivez dix phrases en suivant l'exemple ci-dessous.
Write the phrases as in the example below.

Exemple

Martina a trois animaux. Elle a deux chiens et un poisson rouge.

1. Alison D a six animaux. Elle a deux ~~to~~ tortues, un cochon d'Inde,
2. un chien, un perruche et un cheval
3. Aoife a deux animaux. Elle a deux lapins.
4. Ava a deux animaux. Elle a deux chiens
5. Eve a un animal. Elle a un chien.
6. Grace a un animal. Elle a un chien.
7. _____
8. _____
9. _____
10. _____

4 Chez Moi

Activité 4 : Cher Guillaume

Vous êtes Tom. Répondez à la lettre de Guillaume en utilisant les informations suivantes.

You are Tom. Reply to Guillaume's letter using the following information.

- You live in Ballycotton, a village by the sea in Cork.
- Your house is detached and has seven rooms: a living room, a kitchen, a dining room, three bedrooms and a bathroom.
- You live with your mother, your father and your little brother.
- You have a cat called Whiskers.
- Your favourite room is your bedroom because the bed is very comfortable.
- You make your bed every day.
- You like watching sports on television too.

Retenez !

Remember to include the date and to start and end your letter correctly.

_____

_____

_____

_____

_____

_____

_____

_____

_____

_____

_____

_____

_____

_____

_____

_____

_____

_____

_____

_____

_____

_____

_____

Tom

How did you get on?

☐	Six bonnes phrases	Bon travail !
☐	Huit bonnes phrases	Très bon travail !
☐	Dix bonnes phrases	Excellent travail !

Auto-évaluation

Read each of the topics in the column on the left. Place a tick (✔) in the column that best describes how you feel about each topic in chapter 4.

☺ I know this topic well.
😐 I know this topic quite well.
☹ I do not know this topic at all.

Ce que j'ai appris dans le chapitre 4 :
What I learned in chapter 4:

	Bien ☺	Assez bien 😐	Pas bien du tout ☹	Revisit the page to revise
Les maisons				86
Les meubles du salon				90
Les tâches ménagères				92
Les animaux domestiques				95
Les nombres de 51 à 80				98
La grammaire				
Le verbe irrégulier **faire**				91
Les prépositions				97
Les verbes réguliers en –ir				100

Based on your auto-évaluation, reflect on your learning by completing the following information.

Areas I am confident in:

Areas I need to work on:

Action plan for improvement:

Key Skills

With the help of your teacher, put a tick (✔) beside the key skills you have used in chapter 4.

Compétences	J'ai utilisé
Being literate	
Being numerate	
Being creative	
Communicating	
Managing information and thinking	
Managing myself	
Staying well	
Working with others	

4 Chez Moi

Révision orale

Now that you have completed chapter 4 of *Allons-y 1*, you should be able to ask and answer the following questions. Revise them with a partner and keep a record of your answers.

Où se trouve ta maison ?

_____

_____

_____

Décris ta maison.

_____

_____

_____

_____

_____

Quelles sont les tâches ménagères que tu fais à la maison ?

_____

_____

_____

As-tu un animal domestique ?

_____

_____

_____

Le temps

Utilisez cette page pour écrire les mots et les phrases utiles du chapitre 5.

Des mots clés

En français	En anglais

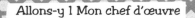

Activité 1 : La météo

 Par deux, écrivez le bulletin météo pour la France, puis présentez-le à la classe.

1. Cut out the map of France on page 45.
2. Decide on the weather for **six parts of the country**. Cut out the symbols you need from page 47 and attach them to the map. Label any cities you want to mention in your report.
3. Use the vocabulary in the grid below to help you write your report.
4. Divide the lines in the weather report between you and your partner (present the weather for **three places each**) and present it to the class.
5. Swap *Chef d'œuvres* with your partner and complete the peer assessment table on page 44.

Vocabulaire utile	
En français	**En anglais**
Bienvenue sur le bulletin météo	Welcome to the weather report
Aujourd'hui	Today
En France	In France
Dans le nord de la France	In the north of France
Dans le sud	In the south
Dans l'est	In the east
Dans l'ouest	In the west
Dans le centre	In the centre
À …	In [town/city]
Il pleut / neige un peu	It is raining/snowing a bit
Il pleut beaucoup	It is raining a lot
Il y a beaucoup de vent	It is very windy
Il y a un peu de soleil	It is a bit sunny

Bonjour, bienvenue sur le bulletin météo. Aujourd'hui à Toulouse il y a beaucoup de soleil. Dans Il fait trente degrés. Dans l'est il pleut un peu et il y a ~~beaucoup~~ un peu de soleil. Il fait quinze degrés. A limoges il neige. A paris il fait vingt degrés. Dans le centre il y a de vent. Dans le sud il y a un peu de soleil

4 Chez Moi

Peer assessment

During this task, you:

Completed a fair share of the research ☑

Were organised and efficient ☐

Showed creativity ☑

Came up with good sentences in French ☑

Listened to me ☑

Spoke confidently ☐

Retenez !
Swap your *Chef d'œuvre* with your partner to complete this page.

Aspects of our task that went well were

the detail in the sentences (the degrees, & cities)

You helped me to

Next time, you could try

adding more places, only 3 cities were named.

Signature: Sofia Mohd Nazir

Date: 05 - 03 - 2019

Paris 20°C

15

Limoges

Toulouse 30°C

4 Chez Moi

Activité 2 : Cher Jean

Vous êtes Juliette. Répondez à la lettre de Jean en utilisant les informations suivantes.

- Thank him for his letter.
- You are fourteen years old.
- You speak English, Irish and a little bit of French.
- You have two brothers. Sean is six years old and Conor is ten years old.
- You have a hamster called Buster.
- You live in Drogheda in the north of Ireland.
- In Ireland, it is cold in winter and sunny in summer. It rains a lot.

Retenez !
Remember to include the date and to start and end your letter correctly.

_____

_____

_____

_____

_____

_____

_____

_____

_____

_____

_____

_____

_____

_____

_____

_____

4 Chez Moi

_____

_____

_____

_____

_____

_____

_____

_____

_____

_____

_____

_____

_____

_____

_____

_____

_____

_____

_____

_____

Juliette

How did you get on?

☐ Six bonnes phrases   Bon travail !

☐ Huit bonnes phrases   Très bon travail !

☐ Dix bonnes phrases   Excellent travail !

Activité 3 : Une carte de Noël à Sylvie

Vous êtes Eimear. Répondez à la carte de Noël de Sylvie en utilisant les informations suivantes.

- Thank her for her Christmas card.
- On Christmas Eve you and your family go to the big Christmas tree in Tralee.
- If it is not too cold, you sing Christmas carols.
- Wish her a Merry Christmas.

Joyeux Noël

_Merry Christmas
and a Happy New Year!_

Auto-évaluation

Read each of the topics in the column on the left. Place a tick (✔) in the column that best describes how you feel about each topic in chapter 5.

> 😃 I know this topic well.
>
> 😐 I know this topic quite well.
>
> ☹️ I do not know this topic at all.

Ce que j'ai appris dans le chapitre 5 :

	Bien 😃	Assez bien 😐	Pas bien du tout ☹️	Revisit the page to revise
Le temps	✔			112
Les saisons		✔		116
L'heure	✔			120
Les moments de la journée		✔		123
La grammaire				
Les verbes réguliers en –re		✔		118

Based on your auto-évaluation, reflect on your learning by completing the following information.

Areas I am confident in:

The different types of weather and the time.

Areas I need to work on:

My verbs, the different times during the day and the seasons.

Action plan for improvement:

Review the entire topic and get my dad th who speaks french to ~~test~~ me.

Key Skills

With the help of your teacher, put a tick (✔) beside the key skills you have used in chapter 5.

Compétences	J'ai utilisé
Being literate	✔
Being numerate	✔
Being creative	✔
Communicating	✔
Managing information and thinking	✔
Managing myself	✔
Staying well	✔
Working with others	✔

Révision orale

Now that you have completed chapter 5 of *Allons-y 1*, you should be able to ask and answer the following questions. Revise them with a partner and keep a record of your answers.

Quel temps fait-il ?

Il fait froid et il y a des nuages et .

Quelle est ta saison préférée et pourquoi ?

Ma saison préférée c'est le printemps parce que beau et il y a du soleil.

Quelle heure est-il ?

Il est quinze heures trente-cinq

Les passe-temps

Utilisez cette page pour écrire les mots et les phrases utiles du chapitre 6.

Des mots clés

En français	En anglais

Activité 1 : Sondage sur les passe-temps

Suivez les étapes pour faire un sondage sur les passe-temps.

1. Choose your preferred pastime from the following list.

Aller au cinéma ☐

Jouer d'un instrument ☐

Écouter de la musique ☐

Regarder la télévision ☐

Lire des romans ☐

Utiliser les réseaux sociaux ☐

Rencontrer des amis ☐

Faire du shopping ☐

Faire du sport ☐

2. When it's your turn, tell your choice to the class: **Pendant mon temps libre, j'aime …**

3. Your teacher will record the number of people who choose each pastime on the board.

 4. Complete the bar chart.

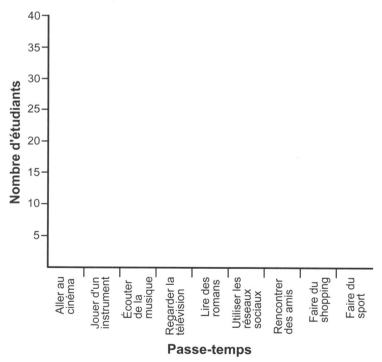

5. Complete the following sentences.

Le passe-temps le plus apprécié est de / d'_____

Le passe-temps le moins apprécié est de / d'_____

_____ membres de la classe préfèrent regarder la télévision.

_____ membres de la classe préfèrent utiliser les réseaux sociaux.

Activité 2 : Mon blog

Écrivez un blog décrivant votre meilleur ami, en incluant les informations suivantes.

- The title of your blog
- Today's date
- Your best friend's name
- Their age
- Their hobbies
- Their qualities
- What you like to do together and when (e.g. in the evenings, at the weekend, in school).

Mon amis et moi

http:// blog des amis

12 mars, Elle s'appelle Erin. Elle a douze ans.

Incomplete ???

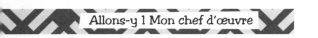

Activité 3 : Ma carte de Saint Valentin

Suivez les instructions pour réaliser votre carte de Saint Valentin.

Sur le devant de la carte

Coloriez ...

- les cheveux de la fille en brun
- le pull de la fille en bleu
- la jupe de la fille en violet
- les chaussures de la fille en noir
- le sac à main de la fille en rose et blanc
- les cheveux du garçon en blond
- la casquette du garçon en orange
- la veste du garçon en vert
- le pantalon du garçon en gris
- les chaussures du garçon en marron
- les fleurs en rouge
- les oiseaux en jaune

À l'intérieur de la carte

Écrivez un message.

Vocabulaire utile	
En français	**En anglais**
Mon chéri	My dear *(masculine)*
Ma chérie	My dear *(feminine)*
Ma puce	My flea
Mon chou	My cabbage
Mon lapin	My rabbit
Joyeuse Saint Valentin	Happy Valentine's Day
Je t'aime	I love you
Tu es mon meilleur ami	You're my best friend *(masculine)*
Tu es ma meilleure amie	You're my best friend *(feminine)*
Câlins	Hugs
Bisous	Kisses

FOLD
HERE

Joyeuse
Saint
Valentin

Auto-évaluation

Read each of the topics in the column on the left. Place a tick (✔) in the column that best describes how you feel about each topic in chapter 6.

- 😊 I know this topic well.
- 😐 I know this topic quite well.
- ☹️ I do not know this topic at all.

Ce que j'ai appris dans le chapitre 6 :

	Bien 😊	Assez bien 😐	Pas bien du tout ☹️	Revisit the page to revise
Les passe-temps	✔			136
Les couleurs	✔			150
Les vêtements	✔			152
Les nombres de 81 à 100	✔			156
Le shopping		✔		157
La grammaire				
Jouer de	✔	✔		140
Le verbe irrégulier **lire**		✔		144
Les adjectifs			✔	148
Le verbe régulier **porter**		✔		154

Based on your auto-évaluation, reflect on your learning by completing the following information.

Areas I am confident in:

The vocabulary in this section

Areas I need to work on:

The verbs and adjectives

Action plan for improvement:

revise my verbs by writing them out with an example sentence for each

Key Skills

With the help of your teacher, put a tick (✔) beside the key skills you have used in chapter 6.

Compétences	J'ai utilisé
Being literate	✔
Being numerate	✔
Being creative	✔
Communicating	✔
Managing information and thinking	✔
Managing myself	✔
Staying well	✔
Working with others	✔

Révision orale

Now that you have completed chapter 6 of *Allons-y 1*, you should be able to ask and answer the following questions. Revise them with a partner and keep a record of your answers.

Que fais-tu pendant ton temps libre ?

Pendant mont temps libre, j'aime écouter de la musique et ~~la~~ lire des romans.

Quelle est ton style de musique préféré ?

~~Mon style~~ J'adore le pop musique.

Joues-tu d'un instrument de musique ?

Non, ~~ne je~~ je ne joue pas d'un instrument de musique

Quel genre d'émissions aimes-tu ?

~~Mon~~ J'adore une émission de science-fiction et une émission de télé-réalité

Quel est ton livre préféré ?

~~Mon~~ Mon livre préféré c'est The book Theif

Quels vêtements portes-tu pendant ton temps libre ?

6 Les passe-temps

La ville

Utilisez cette page pour écrire les mots et les phrases utiles du chapitre 7.

Des mots clés

En français	En anglais

Activité 1 : Une carte postale de Cannes

Écrivez une carte postale à votre ami avec les informations suivantes :

- You are in Cannes in the south of France.
- You are with your parents and your brother.
- The weather is sunny.
- There is a swimming pool, a town hall and a bakery in town.
- You are going to visit Monaco tomorrow.

7 La ville

Activité 2 : Une brochure sur ma ville

Réalisez une brochure touristique décrivant votre ville, en incluant les éléments suivants.

- An eye-catching front cover.
- Information about where your town is situated in Ireland.
- How many people live in your town.
- What shops and services are in your town.
- What the town offers to young people.
- Tourist attractions in the area.
- Images to accompany your information.

Vocabulaire utile	
En français	**En anglais**
C'est une ville / un village	It is a town/village
C'est une ville intéressante / jolie / grande / calme / petite / tranquille	It is interesting/pretty/big/quiet/small/quiet
C'est une ville industrielle / moderne	It is an industrial/modern town
Elle est située dans le nord / sud / est / ouest de l'Irlande	It is located in the north/south/east/west of Ireland
La ville a une population de X habitants	The town has a population of X inhabitants
Il y a beacoup de magasins / restaurants	There are a lot of shops/restaurants
Elle est proche de la mer / campagne	It is close to the sea/countryside
Pour les jeunes, il y a …	For young people, there is …
Pour les touristes, il y a …	For tourists, there is …

✂

FOLD
HERE

FOLD
HERE

7 La ville

Auto-évaluation

Read each of the topics in the column on the left. Place a tick (✔) in the column that best describes how you feel about each topic in chapter 7.

> 😊 I know this topic well.
>
> 😐 I know this topic quite well.
>
> 😞 I do not know this topic at all.

Ce que j'ai appris dans le chapitre 7 :

	Bien 😊	Assez bien 😐	Pas bien du tout 😞	Revisit the page to revise
Les bâtiments de la ville				170
Les magasins				172
Les directions				176
La grammaire				
Le verbe irrégulier **aller**				175
Le futur proche				180
Le verbe irrégulier **voir**				181
Le verbe irrégulier **sortir**				183

Based on your auto-évaluation, reflect on your learning by completing the following information.

Areas I am confident in:

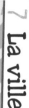

7 La ville

Areas I need to work on:

Action plan for improvement:

Key Skills

With the help of your teacher, put a tick (✔) beside the key skills you have used in chapter 7.

Compétences	J'ai utilisé
Being literate	
Being numerate	
Being creative	
Communicating	
Managing information and thinking	
Managing myself	
Staying well	
Working with others	

Révision orale

Now that you have completed chapter 7 of *Allons-y 1*, you should be able to ask and answer the following questions. Revise them with a partner and keep a record of your answers.

Quels magasins y a-t-il dans ta ville ?

_____

_____

_____

_____

_____

Quels sont les sites touristiques à proximité ?

_____

_____

_____

_____

_____

_____

7 La ville

Utilisez cette page pour écrire les mots et les phrases utiles du chapitre 8.

Des mots clés

En français	En anglais

Activité 1 : Sondage sur le petit déjeuner

Demandez à dix camarades de classe « Qu'est-ce que tu manges au petit déjeuner ? » et « Qu'est-ce que tu bois au petit déjeuner ? » Remplissez la grille.

Prénom	Il / elle mange ...	Il / elle boit ...
Brendan	des céréales	du café

Écrivez dix phrases en suivant l'exemple ci-dessous.

Exemple

   Pour le petit déjeuner, Brendan mange des céréales et boit du café. _____

1. _____

2. _____

3. _____

4. _____

5. _____

6. _____

7. _____

8. _____

9. _____

10. _____

8 La nourriture

Activité 2 : Mon journal alimentaire

Tenez le journal alimentaire d'une journée typique, décrivant votre petit-déjeuner, déjeuner et dîner.

Le petit déjeuner

Pour le petit déjeuner, je mange _____

_____

_____

Je bois _____

_____

_____

Le déjeuner

_____

_____

_____

_____

_____

Le dîner

_____

_____

_____

_____

_____

Lisez votre propre journal alimentaire et répondez « vrai » ou « faux ».

	Vrai	Faux
Pendant une journée typique :		
je mange un ou deux aliments du groupe des viandes, œufs et poissons.	☐	☐
je mange trois aliments du groupe des produits laitiers.	☐	☐
je mange trois aliments du groupe des pains et céréales.	☐	☐
je manges des féculents à chaque repas.	☐	☐
je mange cinq aliments du groupe des fruits et légumes.	☐	☐
je bois deux litres d'eau.	☐	☐

Activité 3 : Cher Paul

Vous êtes Barry. Répondez à la lettre de Paul en utilisant les informations suivantes.

- Every Saturday, you go to a café in town to eat breakfast with your mum.
- You eat sausages and eggs and you drink orange juice. It is your favourite meal.
- Your mum is a vegetarian, so she does not eat sausages.
- She eats eggs and toast and she drinks tea with milk.
- You don't like tea.
- Afterwards, you both go to the supermarket to do the shopping.
- You like pizza too. You like your pizza with tomato sauce, cheese, tuna and onions.

Retenez !

Remember to include the date and to start and end your letter correctly.

8 La nourriture

_____

_____

_____

_____

_____

_____

_____

_____

_____

_____

_____

_____

_____

_____

_____

_____

_____

_____

_____

_____

Barry

How did you get on?

☐ Six bonnes phrases   Bon travail !

☐ Huit bonnes phrases   Très bon travail !

☐ Dix bonnes phrases   Excellent travail !

Auto-évaluation

Read each of the topics in the column on the left. Place a tick (✔) in the column that best describes how you feel about each topic in chapter 8.

> 😃 I know this topic well.
>
> 😐 I know this topic quite well.
>
> 🙁 I do not know this topic at all.

Ce que j'ai appris dans le chapitre 8 :

	Bien 😃	Assez bien 😐	Pas bien du tout 🙁	Revisit the page to revise
Au marché				194
Les repas				198
Faire la cuisine				207
La grammaire				
Les verbes irréguliers **manger** et **boire**				200
L'article partitif				201
Les expressions avec le verbe **avoir**				205
Le verbe irrégulier **mettre**				207

Based on your auto-évaluation, reflect on your learning by completing the following information.

Areas I am confident in:

Areas I need to work on:

Action plan for improvement:

Key Skills

With the help of your teacher, put a tick (✔) beside the key skills you have used in chapter 8.

Compétences	J'ai utilisé
Being literate	
Being numerate	
Being creative	
Communicating	
Managing information and thinking	
Managing myself	
Staying well	
Working with others	

Révision orale

Now that you have completed chapter 8 of *Allons-y 1*, you should be able to ask and answer the following questions. Revise them with a partner and keep a record of your answers.

Que manges-tu au petit déjeuner ?

_____

_____

_____

_____

Quelle est ta nourriture préférée ?

_____

_____

_____

Quelle est la nourriture que tu n'aimes pas ?

_____

_____

_____

8 La nourriture

Au restaurant

Utilisez cette page pour écrire les mots et les phrases utiles du chapitre 9.

Des mots clés

En français	En anglais

Activité 1 : Mon menu

Concevez un menu pour un restaurant comprenant :

- The name, address and telephone number of the restaurant.
- Three starters, three main courses, three desserts and four drinks choices.

Activité 2 : Cher Étienne

Vous êtes Kieran. Répondez à la lettre d'Étienne en utilisant les informations suivantes.

- Wish him a happy birthday.
- Your birthday is on 14 May.
- You live in New Quay, beside the sea.
- The speciality of the region is seafood.
- You don't like fish.
- Your favourite restaurant is Eddie Rockets.
  There are many in Ireland.
- Hamburgers, fries and milkshakes are on the menu.
- Your favourite dish is a hamburger with cheese and pineapple.
- For dessert, there is strawberry and chocolate ice cream.

Retenez !

Remember to include the date and to start and end your letter correctly.

_____

_____

_____

_____

_____

_____

_____

_____

_____

_____

_____

_____

_____

_____

_____

_____

_____

_____

_____

_____

Kieran

How did you get on?

☐ Six bonnes phrases   Bon travail !

☐ Huit bonnes phrases   Très bon travail !

☐ Dix bonnes phrases   Excellent travail !

Auto-évaluation

Read each of the topics in the column on the left. Place a tick (✔) in the column that best describes how you feel about each topic in chapter 9.

> 😊 I know this topic well.
>
> 😐 I know this topic quite well.
>
> ☹ I do not know this topic at all.

Ce que j'ai appris dans le chapitre 9 :

	Bien 😊	Assez bien 😐	Pas bien du tout ☹	Revisit the page to revise
Réserver un table				222
Commander à manger				228
Le service de table				231
La grammaire				
Le verbe irrégulier **vouloir**				225

Based on your auto-évaluation, reflect on your learning by completing the following information.

Areas I am confident in:

Areas I need to work on:

Action plan for improvement:

Key Skills

With the help of your teacher, put a tick (✔) beside the key skills you have used in chapter 9.

Compétences	J'ai utilisé
Being literate	
Being numerate	
Being creative	
Communicating	
Managing information and thinking	
Managing myself	
Staying well	
Working with others	

Révision orale

Now that you have completed chapter 9 of *Allons-y 1*, you should be able to ask and answer the following questions. Revise them with a partner and keep a record of your answers.

Quel est ton numéro de téléphone ? *(Écrivez en toutes lettres)*

_____

_____

_____

_____

As-tu faim ?

_____

As-tu soif ?

_____

Que veux-tu pour le dîner ce soir ?

_____

_____

_____

_____

Une vie saine

Utilisez cette page pour écrire les mots et les phrases utiles du chapitre 10.

Des mots clés

En français	En anglais

Activité 1 : Mon blog de sports

Écrivez un blog décrivant les sports que vous pratiquez ou regardez, en incluant les éléments suivants.

- The title of your blog
- Today's date
- Sports you play
- When/where you play them
- Sports you watch
- Where you watch them (e.g. on television, at the park, at a stadium)
- Which teams/sportspeople you like

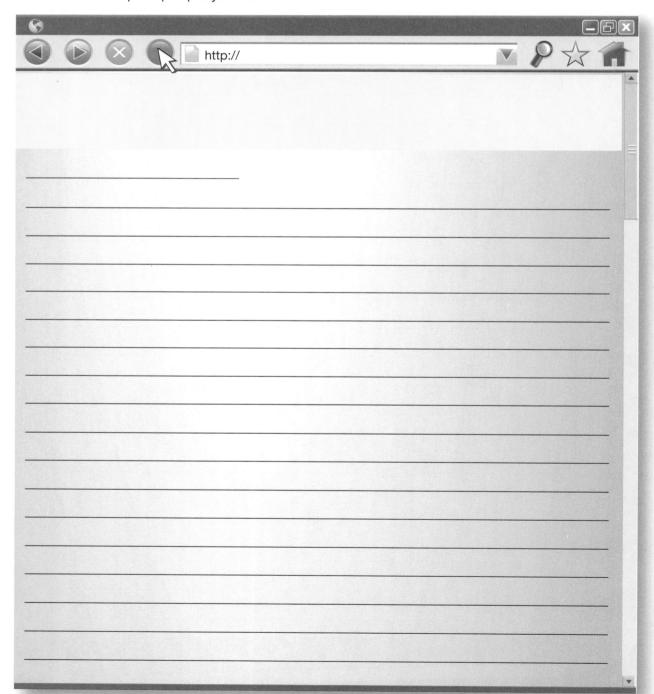

Activité 2 : La pyramide alimentaire

Complétez la pyramide alimentaire en suivant ces étapes.

1. Cut out the images on page 91 and stick them in the correct section of the pyramid on page 93.

2. Label each section (e.g. Fruits et légumes).

Section 1 : Produits sucrés

La glace, les bonbons

Section 2 : Matières grasses

L'huile, le beurre

Section 3 : Viandes, œufs et poissons

Le bœuf, le poulet, le poisson, l'œuf

Section 4 : Produits laitiers

Le lait, le fromage, le yaourt

Section 5 : Fruits et légumes

La pomme, la fraise, le chou-fleur, la carotte, la tomate

Section 6 : Céréales et dérivés

Le pain, les pâtes, la pomme de terre, le riz

Section 7 : Boissons

L'eau, le thé

Continued overleaf ▶

10 Une vie saine

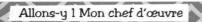
3. Place the following recommendations beside the correct part of your food pyramid.

Limiter la consommation

A chaque repas (2 à 4 portions)

1 à 2 fois par jour

A chaque repas (4 à 6 portions)

De l'eau à volonté

Limiter la consommation

10 Une vie saine

10 Une vie saine

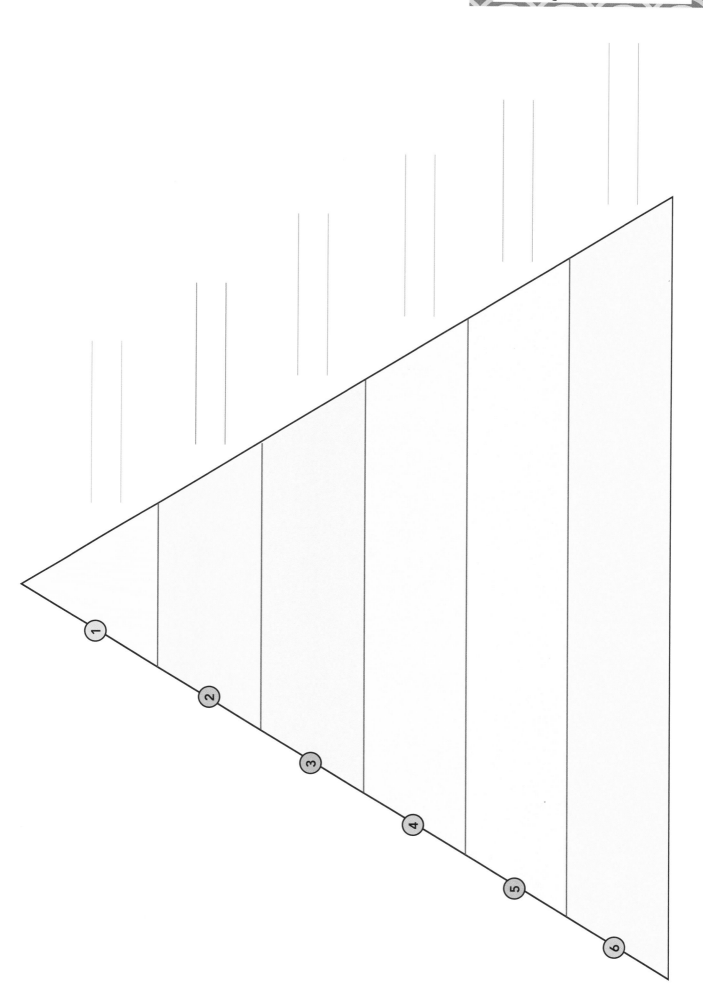

Activité 3 : Un profil d'athlète francophone

Faites des recherches sur un athlète francophone et remplissez le profil.

Nom : _____   Photo :

Nationalité : _____

Domicile : _____

Date de naissance : _____

Taille : _____

Poids : _____

Cheveux : _____

Yeux : _____

Famille : _____

_____

_____

_____

Carrière : _____

_____

_____

_____

_____

_____

_____

_____

_____

_____

_____

Activité 4 : Mon dossier francophone

Le dossier francophone :

Le drapeau :

La capitale : _____

La monnaie : _____

Des montagnes : _____

_____

_____

Des rivières : _____

_____

_____

Des sites touristiques : _____

_____

_____

C'est intéressant !

_____

_____

_____

Des personnes célèbres : _____

_____

_____

La nourriture : _____

_____

_____

C'est intéressant !

_____

_____

_____

Des fêtes : _____

_____

_____

_____

C'est intéressant !

_____

_____

_____

10 Une vie saine

Make a Pinterest board of your chosen country and share it with your classmates.

Pin it !

Auto-évaluation

Read each of the topics in the column on the left. Place a tick (✔) in the column that best describes how you feel about each topic in chapter 10.

☺ I know this topic well.

☺ I know this topic quite well.

☹ I do not know this topic at all.

Ce que j'ai appris dans le chapitre 10 :

	Bien ☺	Assez bien ☺	Pas bien du tout ☹	Revisit the page to revise
Les sports d'équipe				244
Les sports individuels				246
Les conseils pour avoir une vie saine				252
La grammaire				
Jouer à				245
Faire de				247
Les verbes irréguliers **pouvoir** et **devoir**				250

Based on your auto-évaluation, reflect on your learning by completing the following information.

Areas I am confident in:

Areas I need to work on:

Action plan for improvement:

Key Skills

With the help of your teacher, put a tick (✔) beside the key skills you have used in chapter 10.

Compétences	J'ai utilisé
Being literate	
Being numerate	
Being creative	
Communicating	
Managing information and thinking	
Managing myself	
Staying well	
Working with others	

Révision orale

Now that you have completed chapter 10 of *Allons-y 1*, you should be able to ask and answer the following questions. Revise them with a partner and keep a record of your answers.

Es-tu sportif / sportive ?

_____

_____

Quels sports pratiques-tu ?

_____

_____

_____

Y a-t-il des sports que tu n'aimes pas ?

_____

_____

_____

Est-ce que tu manges sainement ?

_____

_____

_____

Est-ce que tu fais de l'exercice ?

_____

_____

_____

Tout sur moi !

1

Je m'appelle _____

MON PORTRAIT

2

J'ai _____ ans.

Mon anniversaire est le _____

Je suis ...

sympa ☐   timide ☐   sensible ☐

drôle ☐   bavard(e) ☐   intelligent(e) ☐

Mon école s'appelle _____

Ma classe est _____

Ma matière préférée est _____

parce que _____

3

J'ai les yeux _____

J'ai les cheveux _____

Dans ma famille, nous sommes _____ : il y a _____

_____

_____

4

Chez moi !

Ma maison se trouve _____

Ma maison est _____

Il y a _____ pièces : _____

MES ANIMAUX DOMESTIQUES

Mon animal préféré est _____

5

Ma saison préférée est _____

parce que _____

_____

_____

_____

6

Mes passe-temps !

Pendant mon temps libre, j'aime _____

_____

Mon émission préférée est _____

_____

Mon film préféré est _____

_____

Mon livre préféré est _____

_____

Ma couleur préférée est _____

7

Ma ville !

J'habite à _____ dans _____ de l'Irlande.

Il y a …

une bibliothèque ☐   une église ☐   un hôtel de ville ☐

une piscine ☐   un supermarché ☐   une boulangerie ☐

À proximité, il y a le site touristique

_____

_____

_____

_____

8

Mon repas préféré de la journée est ...

le petit déjeuner ☐   le déjeuner ☐   le dîner ☐

J'aime manger _____

_____

_____

Je n'aime pas manger _____

_____

_____

9

Mon plat préféré est _____

_____

_____

Mon restaurant préféré est _____

_____

_____

10

Mon sport préféré est _____

Pour rester en bonne santé, je dois ...

manger des fruits et des légumes ☐

boire de l'eau ☐

faire de l'exercice ☐

Mes progrès

Relevez vos notes après chaque test pour suivre vos progrès.

Plot your results after each test to track your progress.

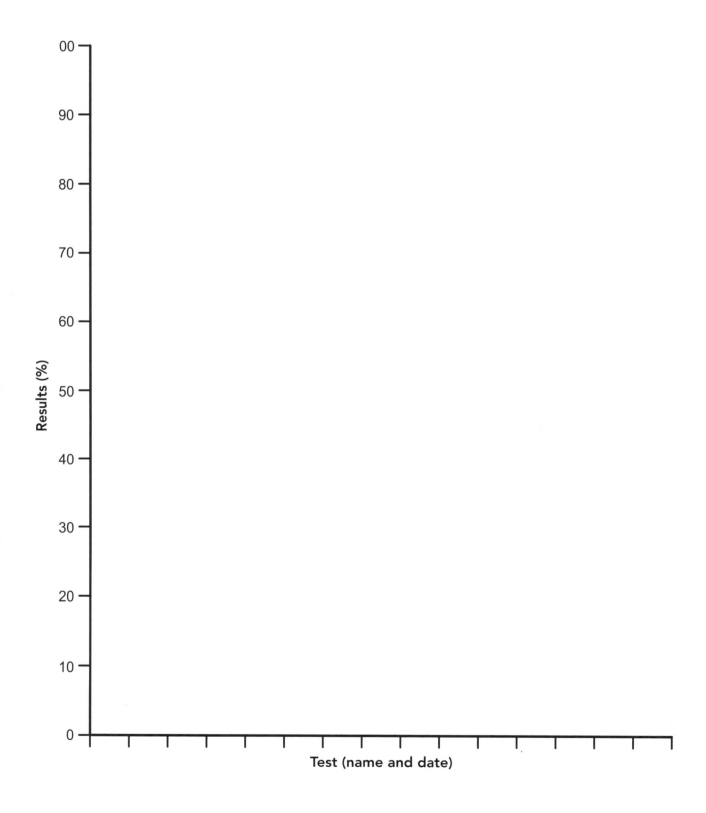

Results (%)

Test (name and date)